Ike Sprenger

SchreibKunst

Kunst und Schrift im Grenzland

Ike Sprenger

SchreibKunst

Bilder als Ausdruck der Seele

Kunst und Schrift im Grenzland

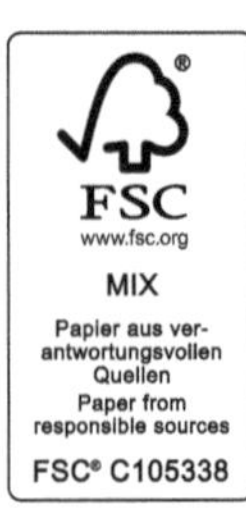

Bibliografische Information der Deutschen Nationalbibliothek:
Die Deutsche Nationalbibliothek verzeichnet diese Publikation in der
Deutschen Nationalbibliografie; detaillierte bibliografische Daten sind
im Internet über http://dnb.dnb.de abrufbar.

© 2024 Ike Sprenger

Lektorat: Nicole Ickenroth

Titelbild und Umschlaggestaltung: Edi Mann

Verlag: BoD • Books on Demand GmbH, In de Tarpen 42, 22848

Norderstedt

Druck: Libri Plureos GmbH, Friedensallee 273, 22763 Hamburg

ISBN: 978-3-7597-8481-0

Kontakt zur Autorin:

www.ikesprenger.de

coaching@ikesprenger.de

Inhaltsverzeichnis

Einleitung

Liebe Leserinnen und Leser,
liebe Schreiberinnen und Schreiber,

die Reihe SchreibLust lädt Euch[1] ein, mit mir und uns zu schreiben. Wir, das sind die Bewohner/-innen des Grenzlands im Norden von Fuerteventura, der Künstler und Schriftsteller Edi Mann und ich, seine Galeristin, Schriftstellerin, Coach und SchreibCoach.

Der erste Band: „SchreibLust - Einladung zum Mitschreiben" erzählt kleine Erzählungen aus unserem Alltag, die zu den anschließenden Schreibimpulsen hinführen.

Der vorliegende zweite Band „SchreibKunst - Bilder als Ausdruck der Seele" ist in drei Teile gegliedert.

Im 1. Teil findet Ihr Bilder von Edi Mann[2] und die für mich damit verbundenen Geschichten.

Der 2. Teil lädt Euch ein, selbst zu den Bildern zu schreiben.

Drei einfache Schreibmethoden, die ich im SchreibCoaching[3] seit Jahren praktiziere, unterstützen Euch und mich, assoziativ zu den Bildern zu schreiben und uns betrachtend, schreibend und reflektierend mit dem zu beschäftigen, was uns gerade bewegt.

Der 3. Teil enthält meine Texte zu ausgewählten Bildern. Sie dienen sowohl als Anschauungsbeispiele als auch als anregende Lektüre.

Ich wünsche Euch eine gute Zeit beim Lesen und Schreiben.
Herzlichst
Eure Ike Sprenger

---

[1] Da wir uns in diesem Buch auf einer persönlichen Ebene begegnen, ziehe ich das Du dem Sie vor.

[2] Siehe auch: www.grenzlandadvaita.com

[3] Weiteres dazu auf meiner Homepage: www.ikesprenger.de

Teil 1: Grenzlandgeschichten und Bilder

Einblick ins Grenzland

Seit fünf Jahren lebe ich nun im Grenzland im Norden von Fuerteventura.

Hier in der Einöde können die Menschen einfach sein.

Beim Betreten der 14.000 Quadratmeter großen Finca entscheiden sie sich - bewusst oder unbewusst - in eine Welt einzutreten, in der alles möglich ist.

Jede Einrichtung, ob Haus oder Galerie, Hühnerstall oder Gemüsegarten, Hundehütte oder Aufzuchtstation für Regenwürmer, ist aus gefundenem Material zusammengebaut.

Alles kann benutzt und verarbeitet werden.

Die Welt ist übervoll von entsorgten Gegenständen: Waschmaschinentrommeln werden zu Vorratsschränken, Badewannen beherbergen die Gräser, die begrenzt werden müssen, um die Nutzpflanzen nicht zu überwuchern.

Mein heutiger Schreibplatz ist eine alte Kabeltrommel mit einer Bank vor dem Hühnerstall. Es ist eher ein Hühnerhotel mit Fenstern und einer umlaufenden Theke. Okay, Getränke werden nicht ausgeschenkt, nur Wasser für die Hühner.

Hinter der Theke verbirgt sich windgeschützt ein Hochbeet mit diversen Gemüsesorten.

Betrachte ich das mich umgebende Land, ist das vorherrschende Baumaterial Steine, Fenster und Holzpaletten.

Mittlerweile habe ich auch den Paletten-Blick. Unverzichtbar dienen die besten Paletten als Basis für die unvergleichlichen Holzbilder, die mein Mann anfertigt. Die mittleren eignen sich zum Bauen und die schlechten als Brennholz für unseren gusseisernen Ofen, denn Heizungen gibt es auf Fuerteventura nicht.

Mein Mann ist Künstler, Baumeister und Landwirt. Und das alles kreativ und erfolgreich.

Ich selbst bin Schriftstellerin, Coach und Galeristin.

Zusammen stellen wir im Grenzland unsere Leidenschaften in die Welt.

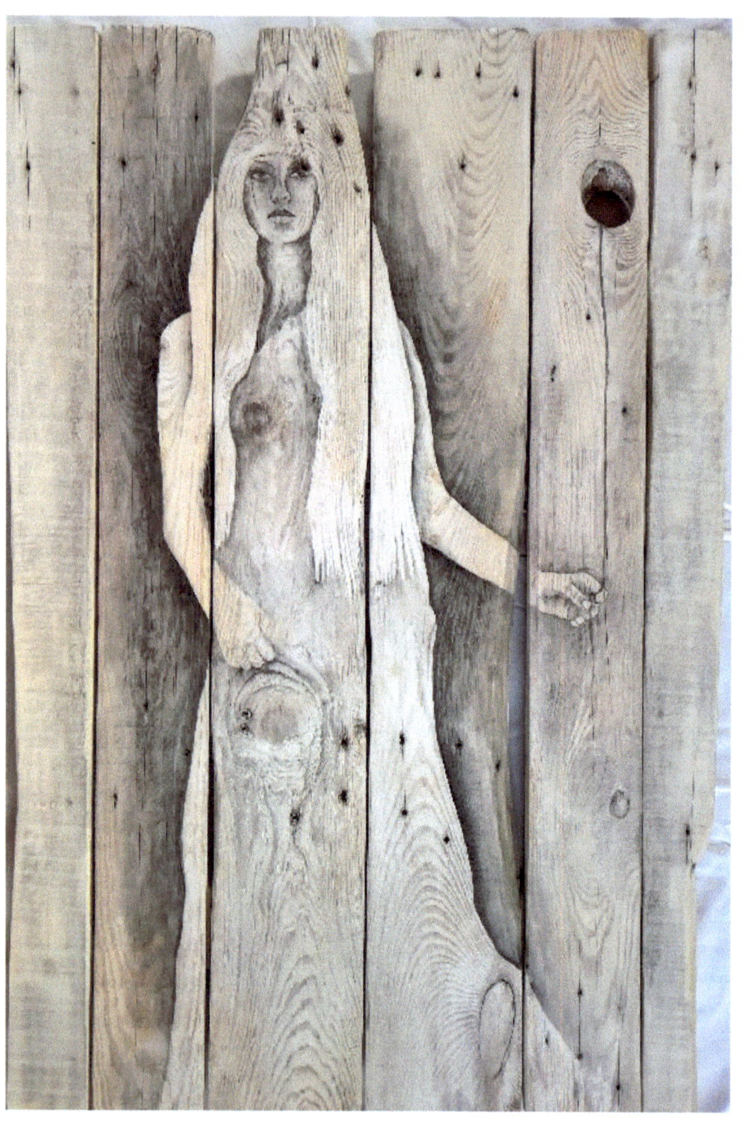

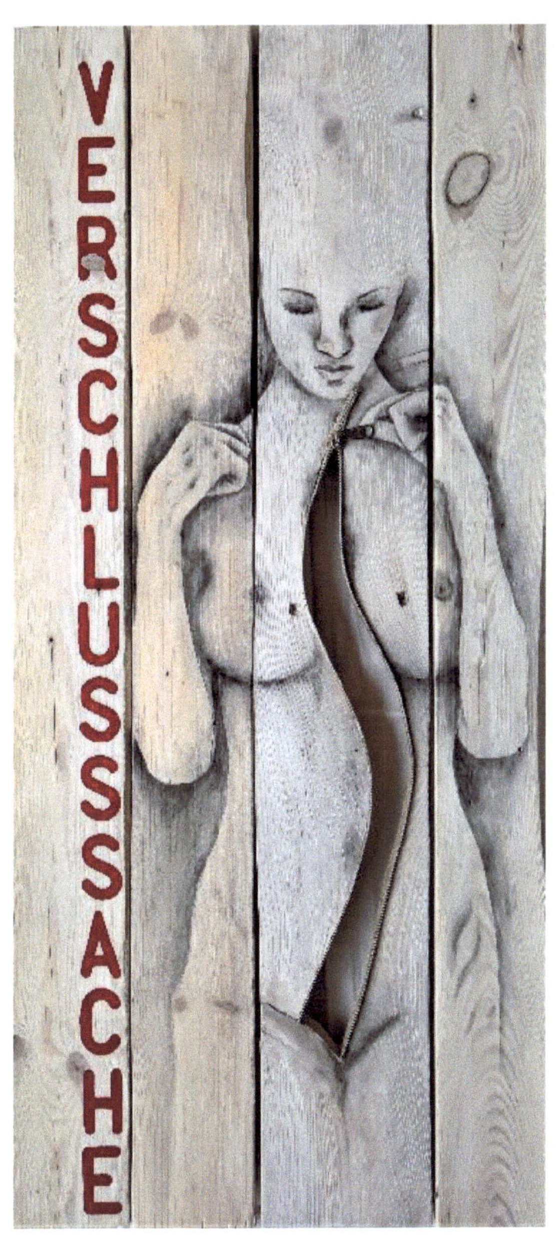

VERSCHLUSSSACHE

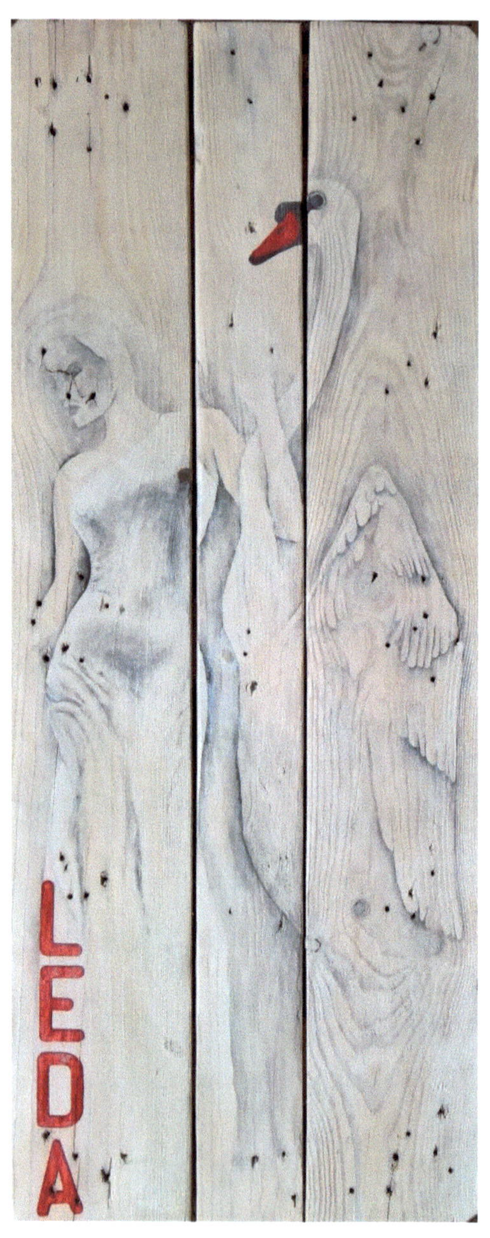

LEDA

Bananen im Wind

Heute wird die Insel ihrem Namen mehr als gerecht - Fuerteventura - die Insel der starken Winde.

Mit Böen von 35 Stundenkilometern beutelt der Wind die Pflanzen und Bäume auf dem Grenzland. Besonders scheint er es auf die Bananenstauden abgesehen zu haben, die sich ihm am Rande unserer Kräuterspirale tapfer entgegenstellen.

Spiralen sind beliebt im Grenzland. Unsere Kakteen, aus deren Früchten wir den gesunden Saft und leckeren Likör herstellen, präsentieren sich gleich hinter dem Eingangstor in einer begehbaren Spirale. Unsere Terrasse ist mit einem Mosaik aus zwei Spiralen verziert, die zusammen das Yin- und Yang -Zeichen formen.

Doch zurück zu den Bananen: Der Stamm der größten Bananenstaude hat in seinem unteren Teil einiges an trockenen Blättern angesammelt, die, gepresst, ein ausgezeichnetes Material für Bilder liefern.

Das geübte Auge des Künstlers erkennt sofort die versteckten Formen und führt die Hand sicher beim Herausarbeiten und Sichtbarmachen der innewohnenden Motive.

Wie schon gesagt: Im Grenzland gibt es fast nichts, das nicht (wieder) verwendet werden kann.

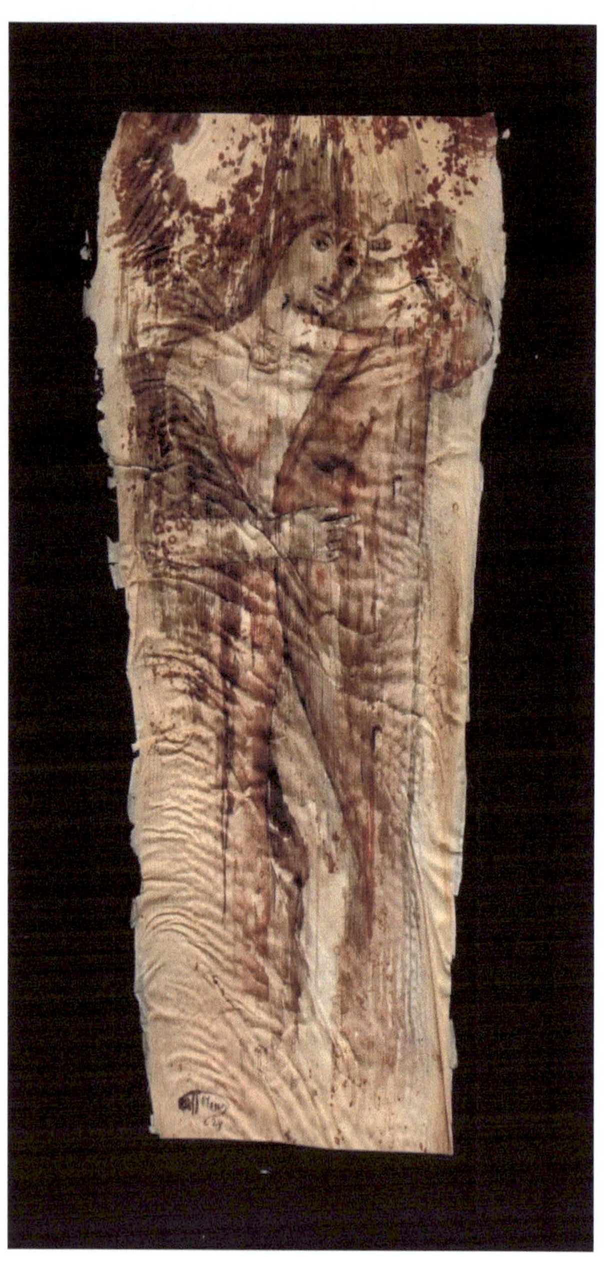

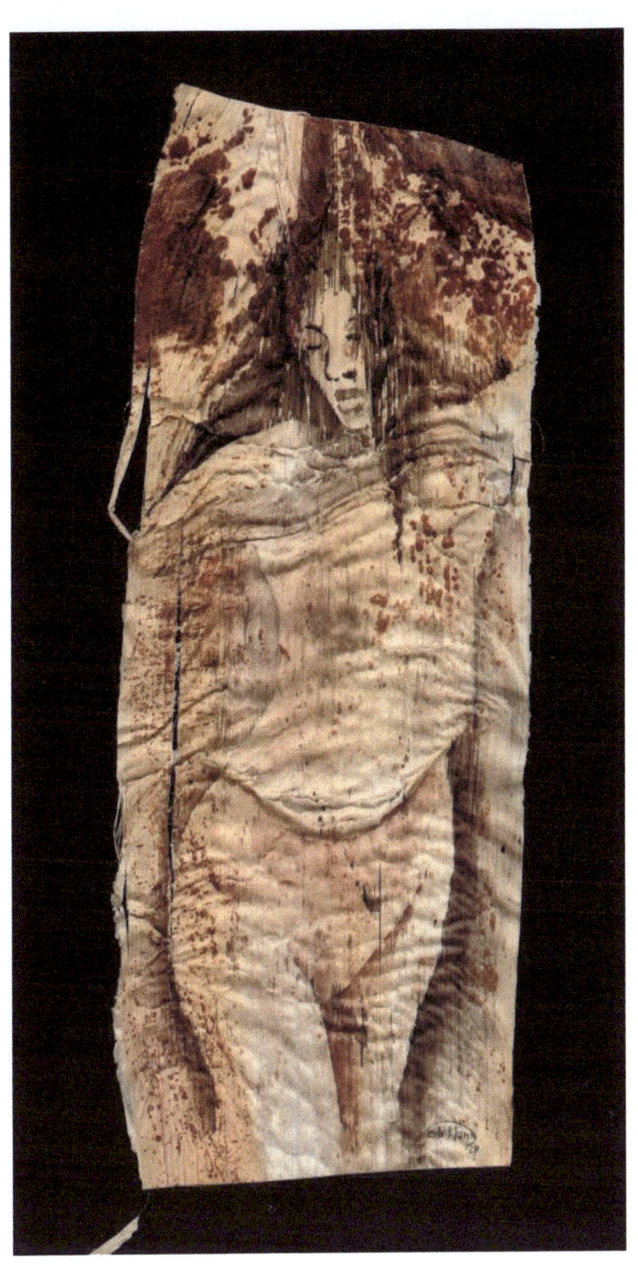

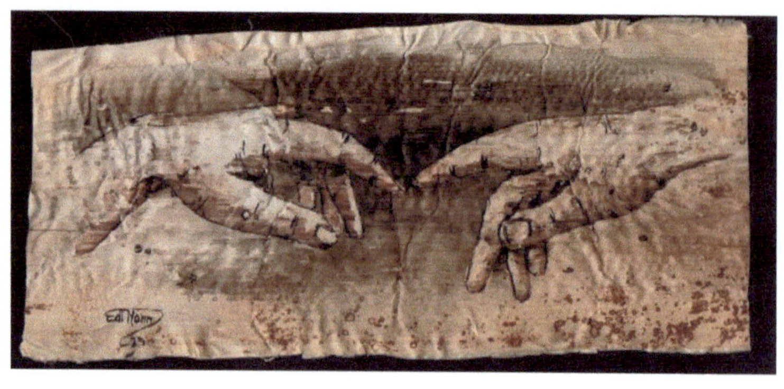

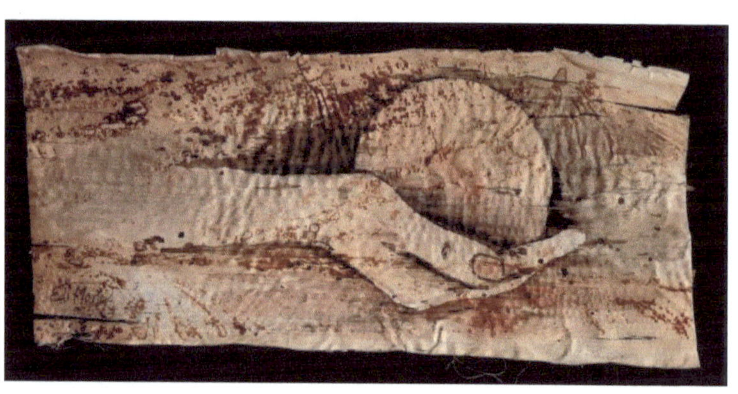

Von Hühnern, Ziegen und anderem Getier

Ich liebe meine bunten Hühner.

Unser Haupthahn, Lorenzo il Magnifico, trägt seinen Namen zurecht mit Stolz. Sein Federkleid schillert in den wärmsten Herbstfarben - Rot, Braun, Gelb und Gold - mit einem leichten Hauch von fluorzierendem Schwarz-Grün im Untergefieder.

Unverkennbar und einzigartig ist seine einzelne weiße Schwanzfeder, die er von seinem Vater Hugo geerbt hat.

Seine Hennen sind eine bunt zusammengewürfelte Schar: das Weißhuhn mit den besten Glucken-Eigenschaften, einige Braunhühner und die Wikinger, eine Mischung aus beiden Rassen.

Wikinger heißen sie, da sie sich immer lautstark und heftig gackernd in die Schlacht werfen, wenn etwas Essbares in ihrer Umgebung auftaucht.

Der Rest der Gruppe ist schwarz, passend zu den Krähen, die auf dem Quemada - unserem Hausberg - nisten.

Vor einigen Wochen hat ein Dorfbewohner, der den Wanderweg am Grenzland als Trainings- und Hundeauslaufstrecke nutzt, am Tor gehalten. Er hatte einen Jutesack mit zwei pubertierenden Junghühnern dabei, die er meinem Mann mit dem Kommentar „Para ti, un regalo - für dich, ein Geschenk" überreichte. „Ich sehe eure Hühner täglich beim Spaziergang. Sie sind ziemlich klein. Diese hier werden große Eier legen."

Seine beiden Hühner sind mittlerweile stattlich geworden: das eine von einem glänzenden Grau, auf das selbst die Katze neidisch ist, das andere strahlend weiß, jedoch ein Hahn, was anfangs niemand geahnt hat.

Beide laufen blitzschnell auf ihren hohen Beinen und überragen bereits alle anderen um Haupteslänge.

Der weiße Hahn - seit gestern heißt er Gilgamesch - wird bleiben. Ein Pech für Lorenzos Sohn, der jetzt in die Pfanne muss, denn mehr als zwei Hähne sind auch auf 14.000 Quadratmetern nicht ohne Streit zu halten.

Begeistert von den neuen Farben im Hühnerstall haben wir mit dem Bauern Eier getauscht und unseren Glucken untergeschoben. Jetzt gibt es neue Küken auf dem Land, grau mit weißen Punkten, die unsere Schar noch vielfältiger machen.

Natürlich haben wir auch einen Bardino, die kanarische Hunderasse, und eine grauschwarze Tigerkatze.

Gelegentlich kommen Wanderkater zu Besuch, die die Katze nicht mag und Wanderigel, die der Hund vergeblich aus seinem Futter zu vertreiben versucht. Da müssen wir Menschen helfen, sie einzufangen und anschließend weit entfernt auszusetzen, denn Wanderigel können 20 Kilometer am Tag laufen und finden zielsicher zum Hundefutter zurück.

Dann gibt es noch die Atlashörnchen, die mag die Katze, und Wildkaninchen, die mögen wir.

Neben unseren eigenen Tieren sind Ziegen meine Leidenschaft. Die Fuerteventura-Ziegen sind bunt wie unsere Hühner, genügsam und klug. Die ganze Insel ist von Mäuerchen durchzogen, um die Ziegen davon abzuhalten, jedes noch so winzige Grün zu vertilgen.

Im letzten Winter habe ich überlegt, ob ich mir eine Ziege zum Geburtstag wünschen sollte. Als ich jedoch in unseren Gemüsegarten schaute und an die viele Arbeit dachte, die es kostet, sich halbwegs autonom zu verpflegen, war ich nicht mehr bereit, mit einer Ziege zu teilen.

30 Hühner, die nach Frischpflanzen gieren, reichen völlig aus.

Umso mehr hat es mich entzückt, als ich an meinem Geburtstag zwei Ziegenbilder auf dem Frühstückstisch fand, die mir mein Mann in seinem unverwechselbaren Stil gemalt hat.

Meine Geburtstagsgäste waren ebenfalls sehr angetan und wünschten sich auch Ziegenbilder.

Und so zogen die Ziegen in unsere Galerie ein und erfreuen jetzt mit allen anderen Bildern zusammen unsere Galeriebesucher/-innen.

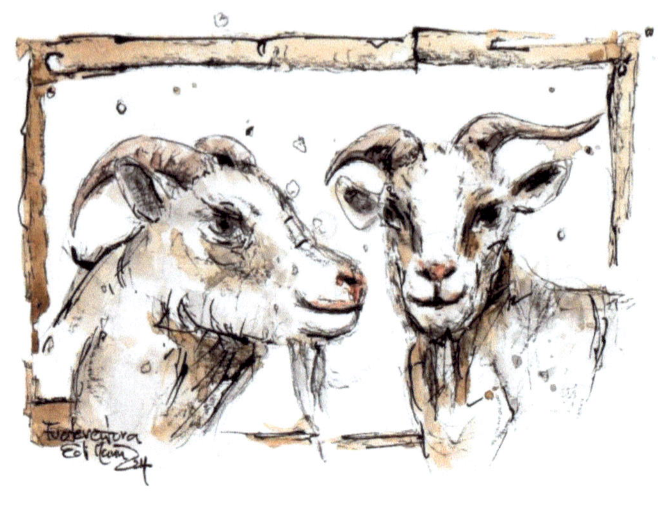

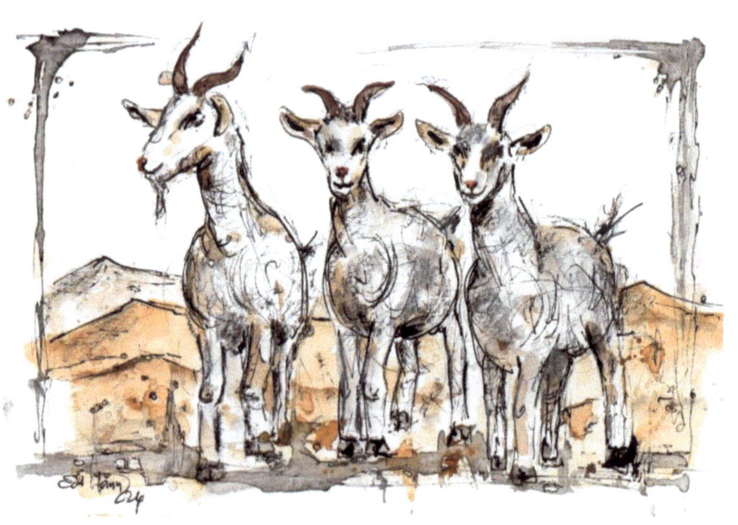

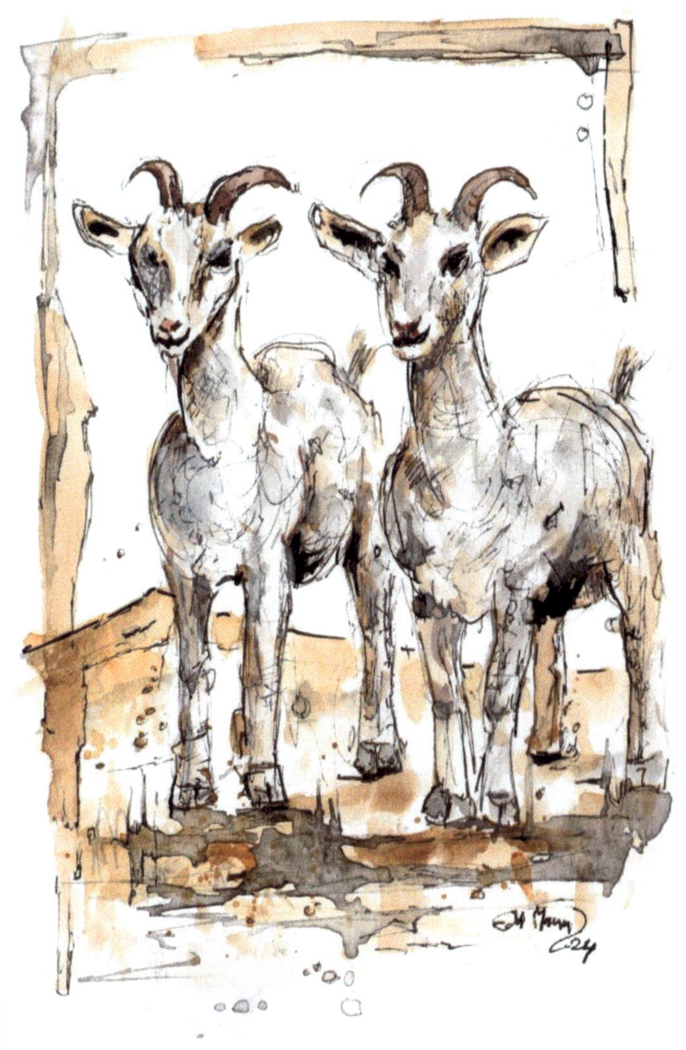

Ein Leben mit Projekten

Edi und ich sind Projektfetischisten. Kunst- und Schreibprojekte retten unsere unruhigen Geiste vor der Vielfalt dessen, was wir machen könnten.

Sie haben einen Anfang und ein Ende, eine Zielrichtung oder zumindest eine innere Logik, nach der unsere Absicht zum Ausdruck gebracht werden soll.

Projekte bieten die Projektionsfläche, auf der sich Bilder und Geschichten entwickeln können. Ich bin immer wieder erstaunt, wie sich Formen entwickeln, Richtungen ändern, ein ganzes Werk zu etwas völlig anderem werden kann.

In der Schule bin ich daran verzweifelt, zuerst eine Gliederung schreiben zu müssen und dann den Text oder die Geschichte daran auszurichten.

Meine Geschichten und auch meine Sachtexte schreiben sich eigenständig, gespeist von meiner inneren Quelle. Später gehe ich mit dem Geschriebenen in Dialog und gebe ihm eine grobe Richtung. Eine erste Gliederung entsteht, kann aber jederzeit wieder umgeworfen werden. Nur so kann ich kreativ sein.

Im letzten Jahr habe ich ein Buch zu Edis Chakrenbildern geschrieben[4], das ich dreimal umgeschrieben habe.

Edi arbeitet umgekehrt.

Er hat seinem Projekt „Der Phönix - Die Bewusstwerdung des Menschen"[5] malerisch einen Rahmen gegeben. In 12 großen Acrylbildern präsentiert er die vier Entwicklungsstufen des menschlichen Bewusstseins.

Danach braucht er wieder Zeit für Spontanes.

---

[4] Ike Sprenger, „Eine Reise durch die Welt der Chakren", BoD, 2023
[5] Edi Mann, „Der Phönix - Die Bewusstwerdung des Menschen", 2022, Näheres dazu siehe: www.grenzlandadvaita.com

Kommentarlos verschwindet er mehrfach am Tag in seiner „Werkstatt" und malt kleine Tusche-Aquarell-Zeichnungen, die er Kritzeleien nennt.

Seine Kritzeleien wiederum animieren mich zum Schreiben. Es ist wie ein Kritzeln mit Worten und Sätzen.

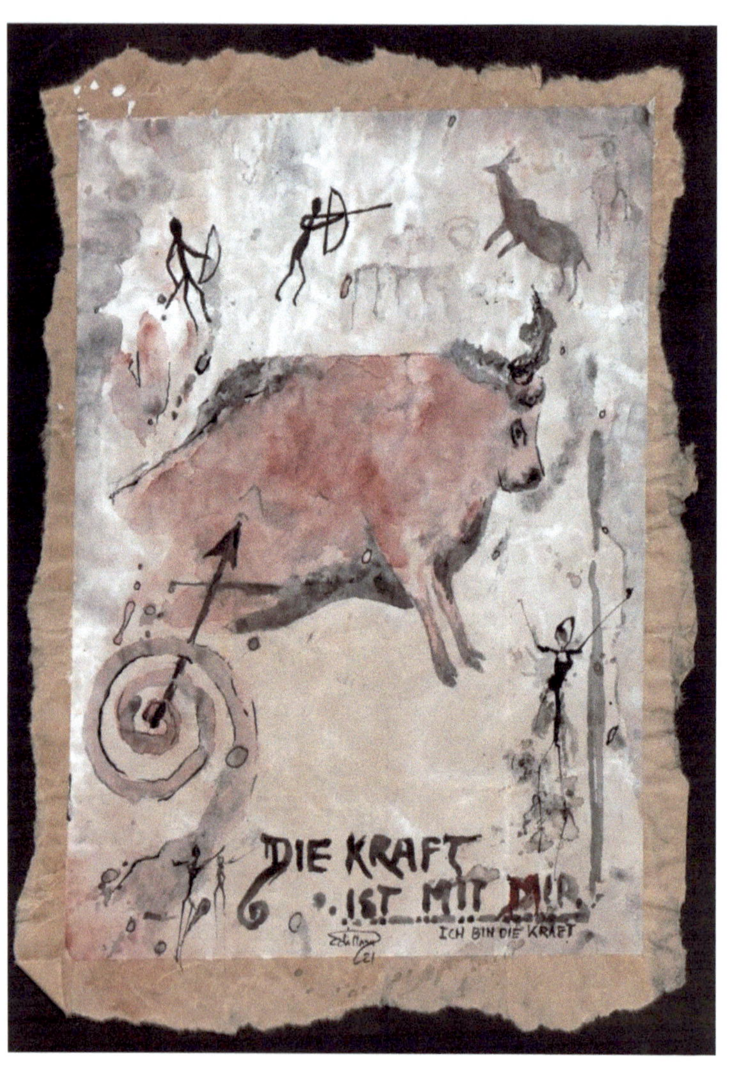

DIE KRAFT
IST MIT MIR.
ICH BIN DIE KRAFT

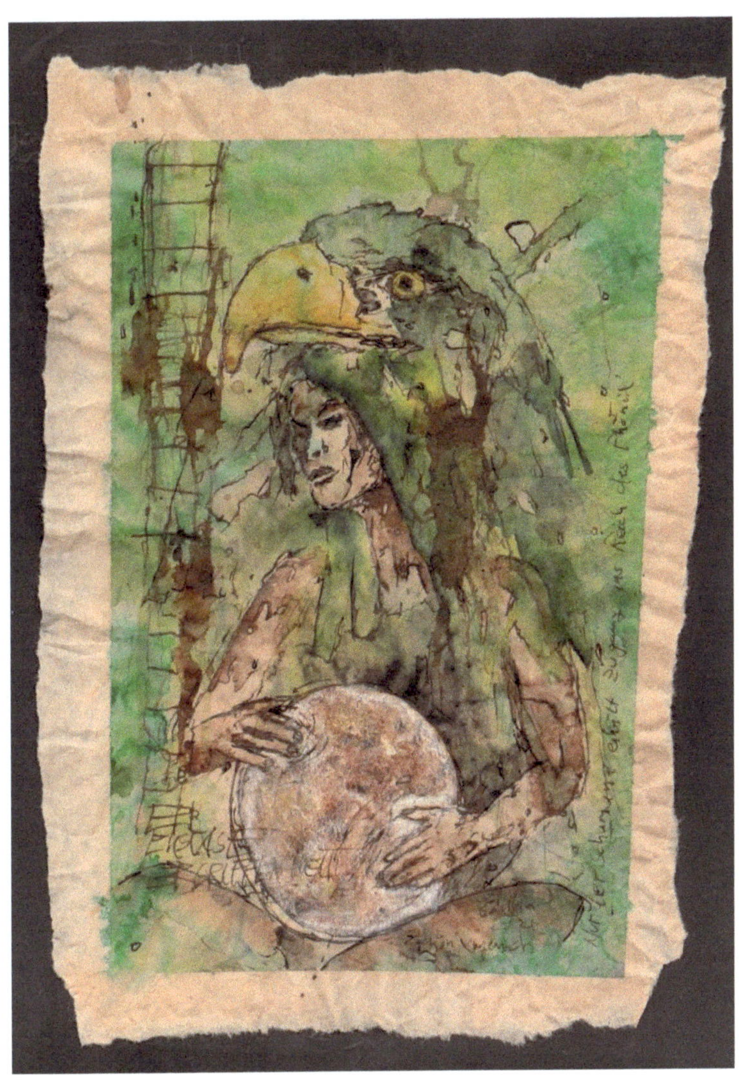

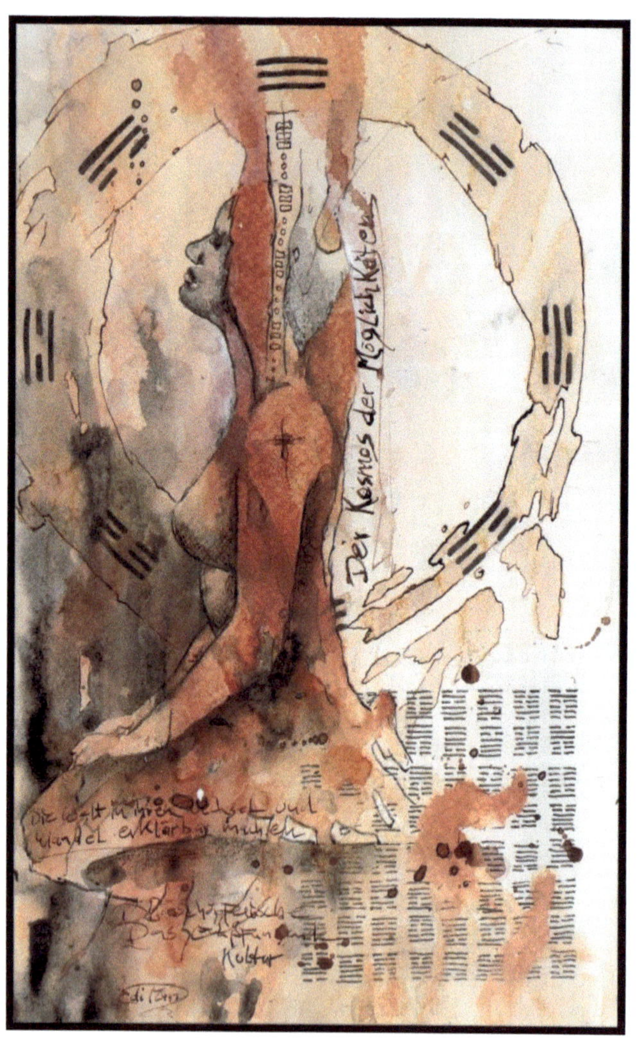
Der Kosmos der Möglichkeiten

Umbrüche, Durchbrüche, Alles was bleibt ...

Soviel ist geschehen in den letzten Jahren. Ich habe meine Coachingpraxis in Essen aufgelöst. Es hat unter „Corona-Auflagen" keinen Sinn mehr gemacht, mit Menschen in Präsenz zu arbeiten. Ich musste die Gruppengröße halbieren und entsprechend doppelt so viel arbeiten für das gleiche Geld.

So habe ich die Möglichkeit genutzt, online zu arbeiten, um mir meinen Traum zu erfüllen, eine neue Existenz auf meiner Lieblingsinsel Fuerteventura aufzubauen - Zufluchtsort und Lebenselixier seit 30 Jahren.

Es ist mir leichtgefallen, besonders als ich dort nach 10 Jahren „Solo-Dasein" meinen Mann kennengelernt habe und in eine neue Partnerschaft eintauchen konnte.

Und in mehr als das. In Edi habe ich den kreativen Geist gefunden, der zu mir passt, mit dem ich meine Leidenschaften ausleben kann: Schreiben und Kunst, Leben in der Weite und Kargheit dieser Insel mit dem karibischen Meer, Coaching auf eigenem Land und endlich Zeit genug, meine Bücher zu schreiben.

Die Umbrüche Job, Ortswechsel und Wechsel der Lebensform sind zu Durchbrüchen geworden und ich zur Chronistin meines Lebens und unserer Zeit.[6]

Schreibend vollendet sich mein Lebenszyklus. Alles, was bleibt, ist die Chronik der Vergänglichkeit.

---

[6] Ike Sprenger, „Ein Dutzend Orte und ihre Zeitgeister - Ein Episodenroman", BoD, 2022

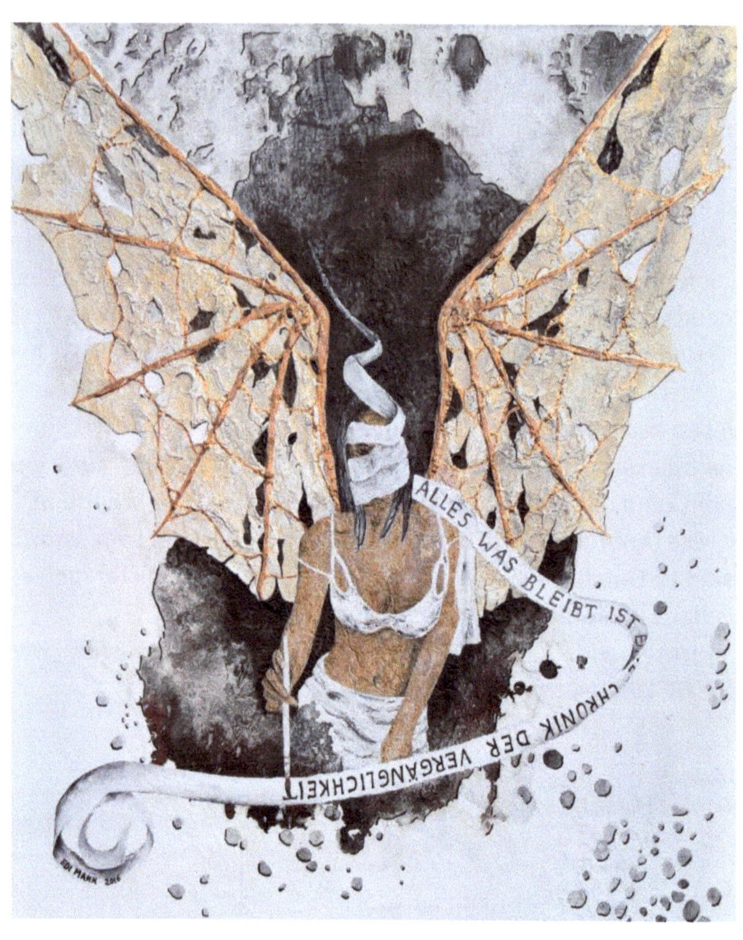

ALLES WAS BLEIBT IST DIE CHRONIK DER VERGÄNGLICHKEIT

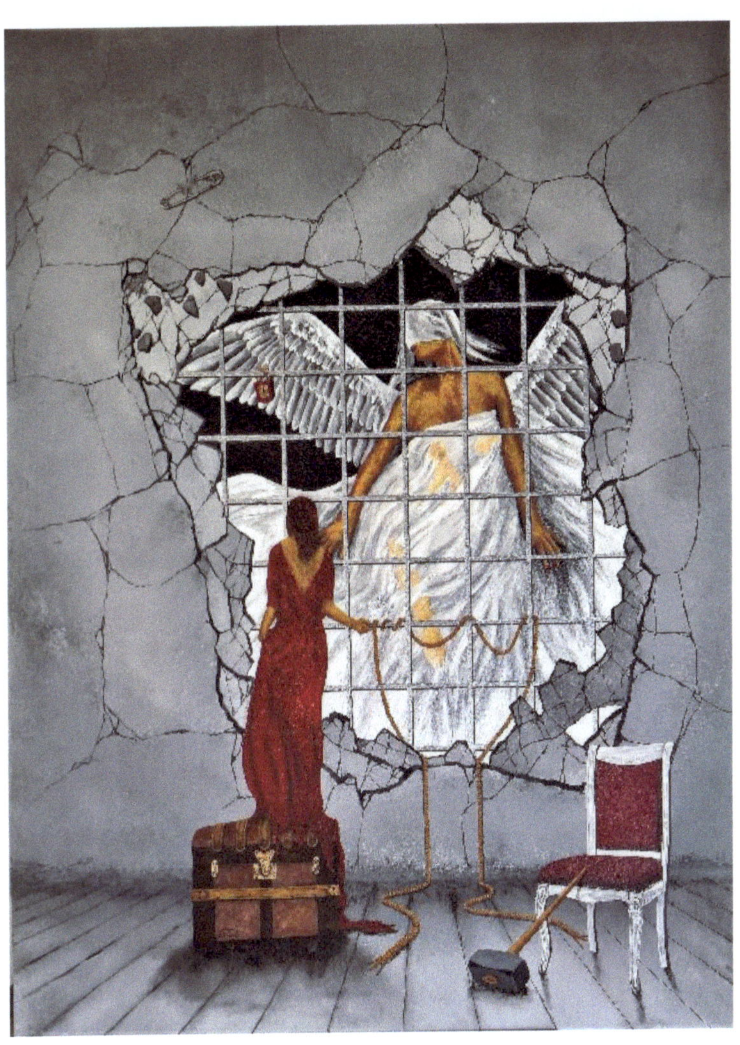

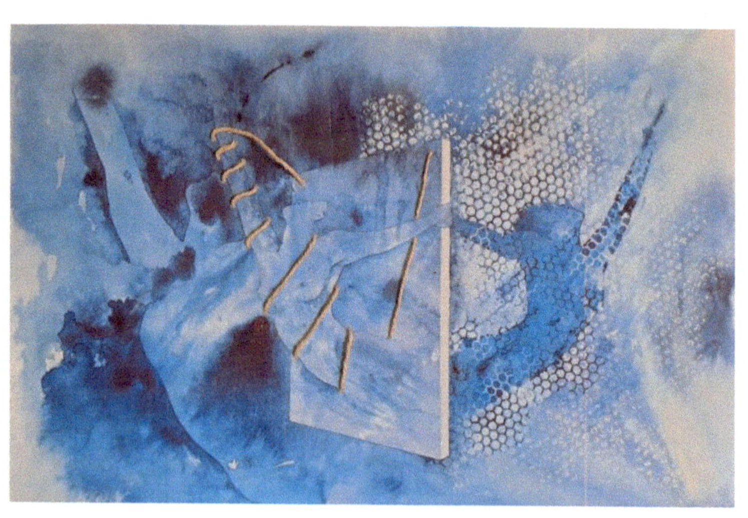

Ruhelosigkeit und Weite

Ich liebe es, mich morgens gleich nach dem Kaffee an einen meiner Schreibplätze zu begeben, um zu schauen, welches Projekt heute weitergeschrieben werden will.

Das Gehirn ist noch unverbraucht - zumindest erscheint es mir so - und bereit, mit der Intuition zusammen zu arbeiten.

Manchmal gibt es jedoch Tage, an denen sich nichts richtig anfühlt, obwohl auch nichts wirklich falsch ist.

Gestern war so ein Tag. Voller Unrast bin ich über das Land gezogen auf der Suche nach dem besten Ort zum Schreiben. Während dessen war mein Verstand damit beschäftigt, die richtige Ausrichtung zu finden: Wie soll es weiter gehen mit diesem Buch? Soll es wirklich zu der Serie SchreibLust gehören, die die Leser/-innen einlädt, selber zu schreiben? Oder soll es ein anderes Buch werden mit eigenen Erzählungen zu den ausgewählten Bildern. Jedes einzelne Bild würde gerne seine Geschichte erzählen …

Obwohl ich aus Erfahrung weiß, dass Unruhe ein gutes Zeichen ist, das auf Umschwung und Veränderung zielt, ist dieser Zustand einfach nur unangenehm. Und so tigerte ich weiter übers Land in der Hoffnung auf Eingebung. Diese jedoch lässt sich nicht beschleunigen, geschweige denn herbeizwingen.

So machte ich mich auf, Ordnung im Haus zu schaffen, damit ich wenigstens irgendetwas Sinnvolles tue. Beim Spülen des letzten Topfes meldet sich meine innere Stimme endlich zu Wort: „Du brauchst Weite."

Ich eilte in unsere Galerie, um die Bilder herauszusuchen, die für mich „Weite" symbolisieren. Diese drapierte ich an die Stelle des Landes, die den besten Blick in die Weite erlaubt. Ich ließ ich die Aufmerksamkeit abwechselnd auf den fernen Bergen und den Bildern verweilen.

Es dauerte nicht lange, bis sich Ruhe einstellte. Ich hörte den Esel in der Ferne brüllen und den Hexenvogel, der sein unheimliches Lied singt.

Worüber habe ich nur den ganzen Tag gegrübelt?

Alles ist gut, so wie es ist.

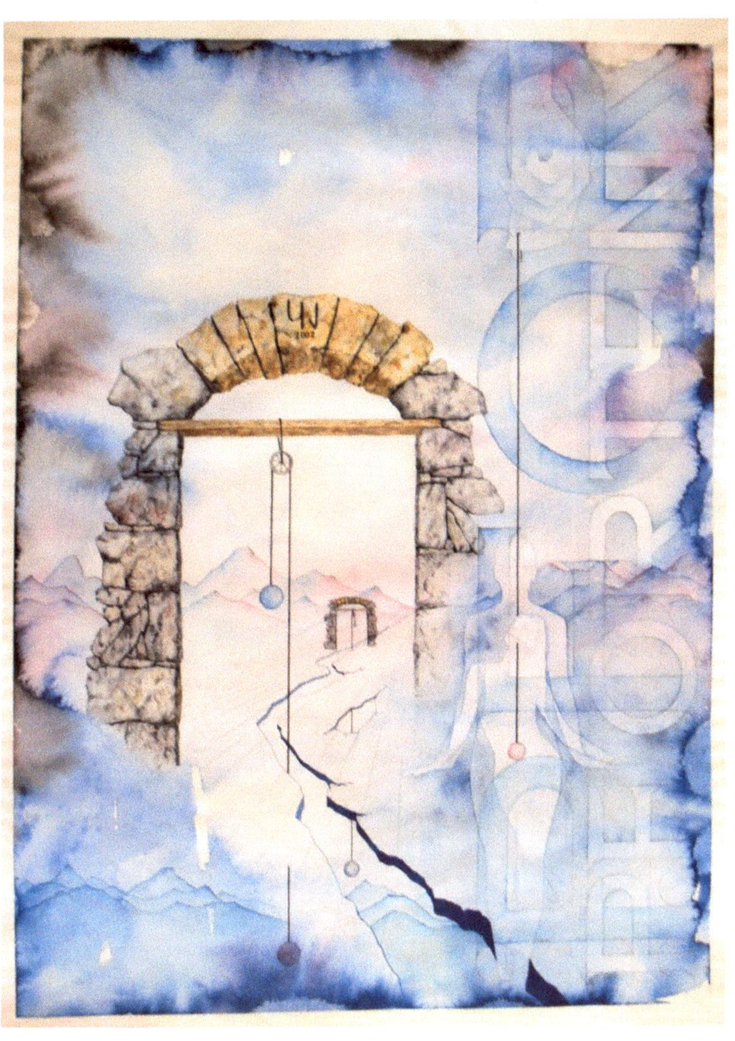

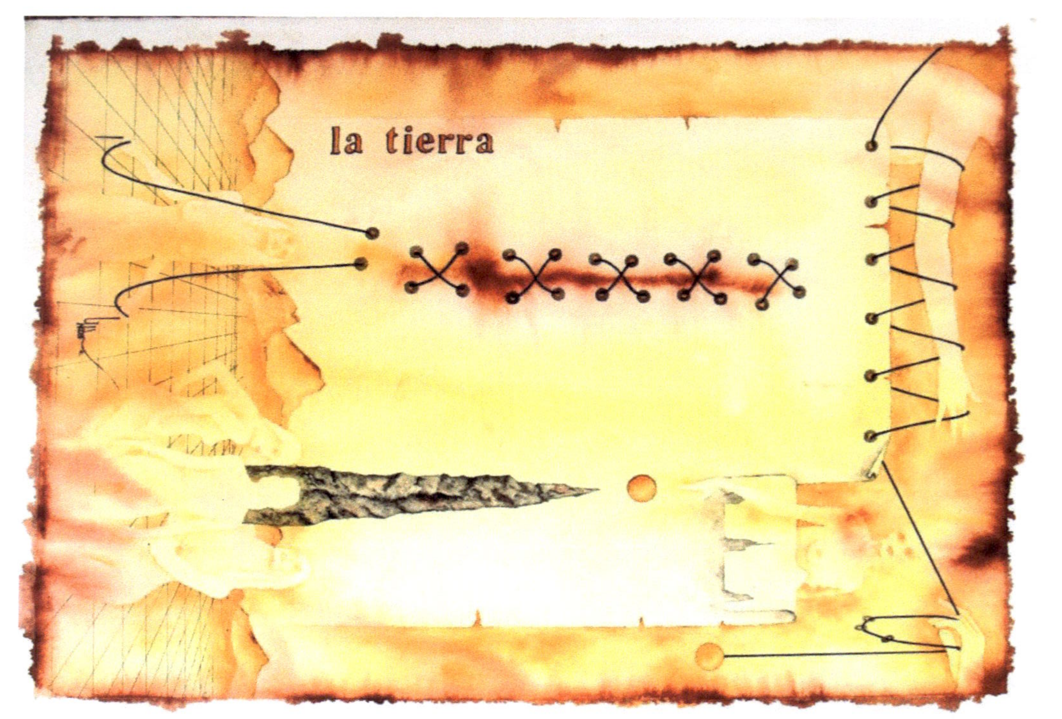
la tierra

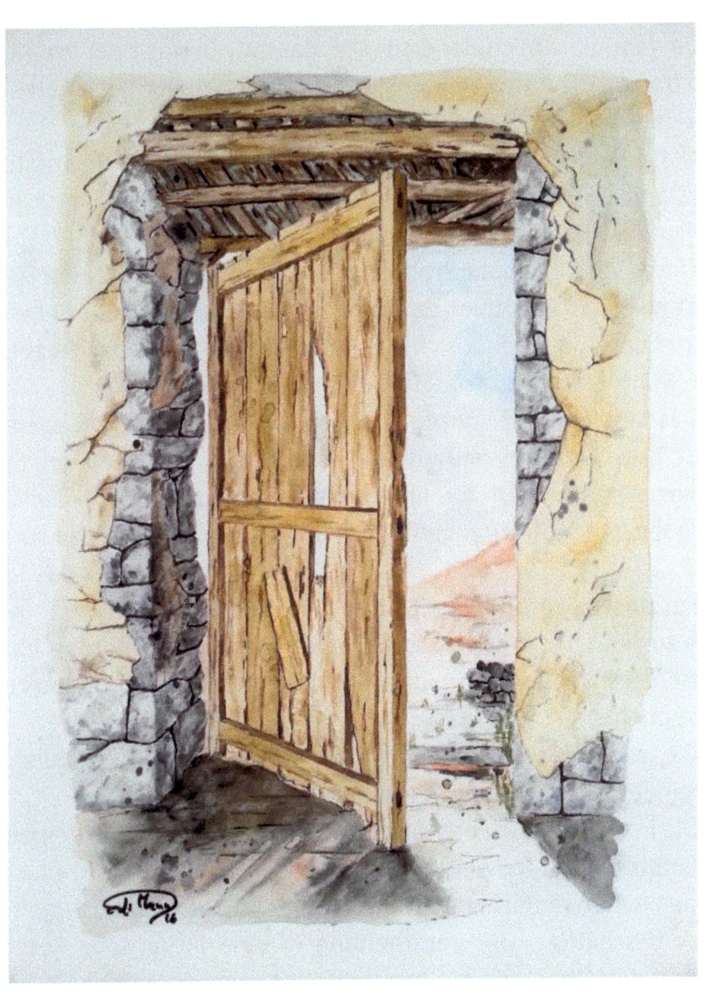

Teil 2: Bilder als Ausdruck der Seele - Einladung zum Schreiben

Seit ich mich mit dem Zürcher Ressourcenmodell[7] beschäftigt habe, fasziniert mich der Gedanke, dass wir in uns zwei Instanzen tragen, die uns, wenn sie gut zusammenarbeiten, das Leben erleichtern.

Diese beiden Instanzen - das Unbewusste und der bewusste Verstand - können nicht nur ganz unterschiedliche Dinge, sie wollen meist auch Unterschiedliches.

Unser Verstand liebt Probleme. Seine Aufgabe ist es, eine Lösung nach den Prinzipien der Logik zu entwickeln. Er geht zielgerichtet vor und möchte sich nicht mit Gefühlen auseinandersetzen. Stattdessen setzt er auf Planung und Prioritäten.

Das Unbewusste konzentriert sich auf die gefühlte Gegenwart. Es will, dass es uns gut geht und zwar im Hier und Jetzt. Es interessiert sich nur für unmittelbar erreichbare Ziele. Seine Aufgabe ist es, für Wohlgefühl, Stabilität und Kontinuität zu sorgen.

Für unsere Zufriedenheit ist es hilfreich, mit beiden verbunden zu sein, der präzisen Sprache des Verstandes und den Impulsen des Unbewussten, das in Bildern und Körpergefühlen zu uns spricht.

Die von mir entwickelten Methoden des SchreibCoachings verbinden diese inneren Wegweiser.

Die in diesem Buch enthaltenden Bilder von Edi Mann dienen als Impulse für unbewusste Prozesse. Das assoziative Schreiben zu den Bildern liefert erste Hinweise auf das, was uns im Augenblick beschäftigt. Die Verarbeitung in eine literarische Form schafft den Übergang zur Interpretation, die unseren Verstand erfreut.

---

[7] Maja Storch, Frank Krause, „Selbstmanagement - Ressourcenorientiert", Hogrefe 2002

Ich lade Euch ein, mit mir die einzelnen Phasen der Schreibmethoden zu durchlaufen und wünsche Euch dabei sowohl
Freude als auch gute Erkenntnisse.

Methoden des SchreibCoachings nach Ike Sprenger

Welche der folgenden Methoden Du auswählst, ist abhängig von der Zeit und der Intensität, die Du für das Bild, Dein Thema und Dein Schreiben investieren möchtest.

Die Schritte 1 und 2 sind bei allen Methoden gleich.

Im Dreiklang verarbeitest Du Deine Assoziationen zum Bild durch ein Freewriting und die anschließende Interpretation.

Im Vierklang vertiefst Du sie durch literarische Formgebung.

Im Fünfklang nutzt Du ein zweites Bild, um Dich anregen zu lassen, noch tiefer in Dein Thema einzusteigen.

Im Folgenden findest Du die konkreten Schritte der einzelnen Methoden.

Dreiklang

Schritt 1: Bildauswahl

Blättere durch den 1. Teil des Buches und suche Dir das Bild aus, das Dich im Augenblick am meisten anspricht.

Schritt 2: Freewriting zum ausgewählten Bild

Freewriting heißt, Du schreibst 5 - 10 Minuten unzensiert zum ausgewählten Bild, ohne den Stift abzusetzen. Egal was kommt, schreib es auf.

....

....

....

Schritt 3: Interpretation und Fazit

Gib dem Bild einen Namen.

....

....

....

Lies Deinen Text noch einmal durch und unterstreiche die wichtigsten Wörter. Was ist das Wichtigste für Dich?

....

....

....

Welches Thema steht für Dich hinter Text und Bild?

....

....

....

Wenn Du mit diesem Thema weiterarbeiten möchtest, kannst Du es mit den Schritten 3 und 4 des Vierklangs tun.

Vierklang

Schritt 1: Bildauswahl
Blättere durch den 1. Teil des Buches und suche Dir das Bild aus, das Dich im Augenblick am meisten anspricht.

Schritt 2: Freewriting zum ausgewählten Bild
Schreibe 5 - 10 Minuten unzensiert zum ausgewählten Bild, ohne den Stift abzusetzen. Egal was kommt, schreib es auf.

....

....

....

Schritt 3: Verarbeitung in literarische Formen
Durch die literarische Formgebung schaffen wir Distanz zu unserem Text und stellen ihn zur Betrachtung vor uns hin. Wir aktivieren sozusagen unsere inneren Beobachter/-innen, die

die Themen und Aussagen unserer Texte dann interpretieren können.

1. Elfchen

Lies Deinen Text noch einmal durch und unterstreiche die wichtigsten Wörter. Schreibe zu jedem Wort ein Elfchen.
Ein Elfchen besteht aus 11 Wörtern, die in folgender Reihenfolge aufgeschrieben werden:

1. Zeile - 1 Wort
2. Zeile - 2 Wörter
3. Zeile - 3 Wörter
4. Zeile - 4 Wörter
5. Zeile - 1 Wort

Jedes unterstrichene Wort ist das Ausgangswort für die erste Zeile.[8]

2. Zevenaar zum ausgewählten Bild

Ein Zevenaar ist eine Gedichtform aus dem Niederländischen, die mit der Technik des Zoomens arbeitet: Wir zoomen uns immer näher heran oder tiefer hinein.

Schema:

1. Zeile: Ortsbestimmung
2. Zeile: Ich-Satz mit einer Tätigkeit

---

[8] Beispiele siehe Teil 3

3. Zeile:	Frage oder Vergleich
4. Zeile:	Detail aus dem Vorhergehenden (Näherzoomen, Scharfstellen eines Details)
5. Zeile:	Erweiterung des Details (noch näher ran, Detail des Details)
6. Zeile:	Wörtlich wie Zeile 1 oder leicht abgewandelt
7. Zeile:	Wörtlich wie Zeile 2 oder leicht abgewandelt

Schau Dir Dein ausgewähltes Bild noch einmal an.
Schreibe dazu ein Zevenaar.[9]

3. Bilder sprechen lassen

Folgende Leitfragen sollen Dich anregen, Bilder sprechen zu lassen:

Was fällt Dir an diesem Bild auf?
An welche Ereignisse und an welche Vorstellungen erinnert es Dich?
Was verbindest Du mit den einzelnen im Bild dargestellten Motiven?

Was siehst Du im Bild?
Was im Bild spricht Dich besonders an?
Mit welcher Bildfigur identifizierst Du Dich?
Wo bist Du in dem Bild? Aus welcher Perspektive schaust Du?

Was bedeutet das Bild für Dich?
Was löst das Bild bei Dir aus?
Welche Botschaft siehst Du in ihm?
In welchem Zusammenhang steht es für Dich?

Was machst Du mit dem Bild und das Bild mit Dir?

---

[9] Beispiel siehe Teil 3

Was passiert, während Du mit dem Bild beschäftigt bist?
Welche Botschaft entnimmst Du dem Bild?

Jetzt lass Dein Bild sprechen. Was will es Dir und der Welt mitteilen?[10]

....
....
....

Schritt 4: Interpretation und Fazit
Gib dem Bild einen Namen.

....
....
....

Gibt es etwas Gemeinsames in den Texten, sich durchzie-
hende Themen oder Fragestellungen?

....
....
....

Wenn ja, welche?

....
....
....

Wenn Du mit diesen Themen weiterarbeiten möchtest, kann
Du es mit den Schritten 4 und 5 des Fünfklangs tun.

---

[10] Beispiel siehe Teil 3

Fünfklang

Schritt 1: Bildauswahl

Blättere durch den 1. Teil des Buches und suche Dir das Bild
aus, das Dich im Augenblick am meisten anspricht.

Schritt 2: Freewriting zum ausgewählten Bild

Schreibe 5 - 10 Minuten unzensiert zum ausgewählten Bild,
ohne den Stift abzusetzen. Egal was kommt, schreib es auf.

....

....

....

Schritt 3: Interpretation und Fazit

Gib dem Bild einen Namen.

....

....

....

Lies Deinen Text noch einmal durch und unterstreiche die
wichtigsten Wörter. Was ist das Wichtigste für Dich?

....

....

....

Welches Thema steht für Dich hinter Text und Bild?

....

....

....

Schritt 4: Auswahl eines zweiten Bilds. Welches Bild bringt Dich mit Deinem Thema weiter?
Blättere durch den 1. Teil des Buches und suche Dir das Bild aus, das Dich in Bezug auf Dein Thema weiterbringen kann.

Schreibe 5 - 10 Minuten unzensiert auf, welche Anregungen das ausgewählte Bild Dir gibt. Egal was kommt, schreib es auf.

....

....

....

Schritt 5: Gesamtauswertung und Fazit
Gib sowohl den Bildern als auch den Texten Namen.

....

....

....

Was sind die Kernaussagen der Bilder und Texte?

....

....

....

Wie unterstützen sie Dich bei Deiner Lösung / Ausrichtung?

....

....

....

Teil 3: Schreiben zu Bildern - Beispiele von Ike Sprenger

Ich habe bereits erwähnt, dass ich beim SchreibCoaching immer mitschreibe.

Das dient zum einen dazu, die Schreibimpulse, die ich anderen gebe zu überprüfen und bei Bedarf zu überarbeiten.

Zum anderen habe ich einfach Freude am Schreiben zu Bildern und kann es nicht sein lassen, selber zu schreiben.

Während ich dies tue, entwickeln sich Ideen zu neuen Büchern von ganz alleine.

Zwei Ideen haben sich bereits hartnäckig festgesetzt:

1. Ein Buch, in dem die Bilder ihre persönlichen Geschichten erzählen und

2. ein Projekt zur SchreibMalTherapie, die ich in den letzten Jahren ziemlich vernachlässigt habe. Sie zeichnet sich aus durch eigenes Malen und Schreiben zu uns wichtigen Lebensthemen.

Ich bin gespannt, welche Ideen umgesetzt werden wollen.

Doch jetzt folgen zunächst einmal meine Beispiele zu Drei-, Vier- und Fünfklang.

Ich habe für jede Methode ein neues Bild ausgewählt und beschreibe den gesamten Prozess in Kurzform.

Dreiklang

Schritt 1: Bildauswahl

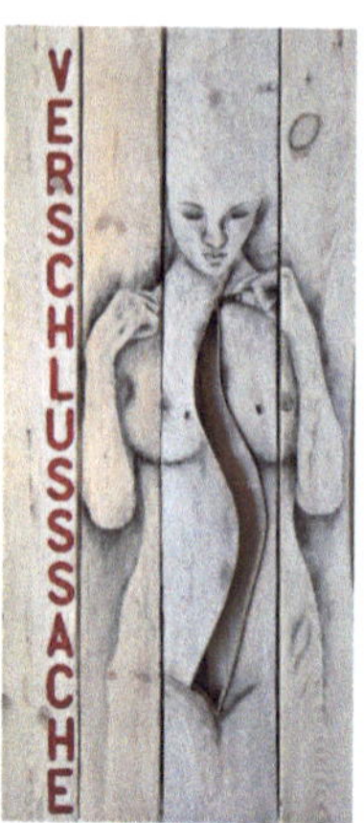

Schritt 2: Freewriting zum ausgewählten Bild[11]

Die Schönheit der Innenschau
Ein Riss scheint durch den Körper zu gehen.
Gespaltene Identität?
Nicht endgültig, kein Ausgeliefert-Sein.
Mit einem kräftigen Zug am Reißverschluss zu heilen, zusammenzufügen, neu zusammenzusetzen.

Im Augenblick ist das Innere dem Äußeren preisgegeben,
doch in eleganter Form,
glatt wie Seide,
Seide aus Holz.

Das Gesicht scheint nachdenklich,
der Blick nach innen gerichtet.
Er ist betrachtend, nicht analysierend.

---

[11] Ich habe mein Freewriting etwas überarbeitet, damit es interessanter zu lesen ist.

Der Blick erfreut sich an der Schönheit der Innenschau.[12]

Schritt 3: Interpretation und Fazit

Die Schönheit der Innenschau

Beim Schreiben geht es mir darum, meine inneren Bilder und Erlebnisse ins Außen zu bringen.

Die Form soll elegant sein, anschmiegsam, sodass die Leser/-innen mitfließen können.

Der Schreibprozess, gespeist aus dem Inneren, ist störanfällig und empfindlich. Immer wieder brauche ich einen schnellen Zipp zum Schutz.

Der Spalt ist die geglättete Form, der Reißverschluss mein Werkzeug - der Wechsel zwischen Urtext und Bearbeitung.

Vierklang

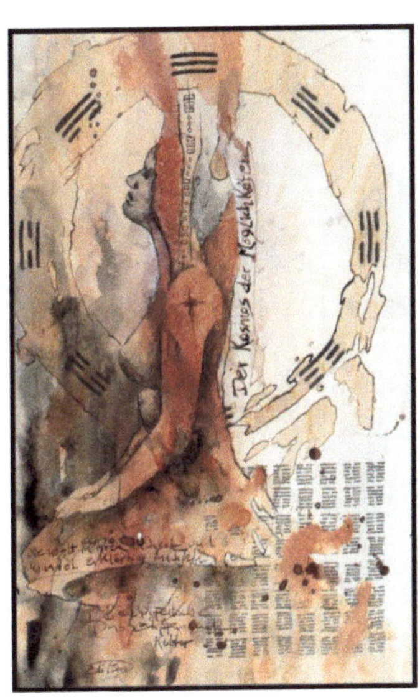

---

[12] Die gelb hinterlegten Wörter sind die für mich wichtigsten aus dem Freewriting.

Schritt 1: Bildauswahl

Schritt 2: Freewriting zum ausgewählten Bild

Kosmos der Möglichkeiten
Ganz entspannt sitzt sie da und nimmt nur wahr.
Der Kosmos der Möglichkeiten umgibt sie ebenso wie das eigene Schicksalsrad.
Sie wartet.
Eine der unendlichen Möglichkeiten wird sich in den Vordergrund schieben.
Es ist nicht nötig, das Orakel zu befragen, sie ist selbst I Ging - der Weg, die Möglichkeit und die Antwort.
Wozu Fragen stellen?

Schritt 3: Verarbeitung in literarischer Form

Elfchen

Kosmos
der Möglichkeiten.
Alles ist vorhanden.
Dankbar annehmen, was erscheint.
Lebensweg.

Schicksalsrad
Das Rad
des Lebens dreht
unaufhörlich. Ich wähle meine
Bestimmung.

Orakel
weisen den

Weg, ob wir
Fragen stellen oder nicht.
Antwort.

Wozu
Fragen stellen,
die Antworten sind
klar, wenn wir nur
hinhören.

Zevenaar

Ich sitze an meinem Schreibplatz
und warte, was das Bild mir zu sagen hat.
Wird es mir Antworten geben oder neue Fragen aufwerfen?
Das Bild spricht vom Kosmos der Möglichkeiten, dem Wechsel
und Wandel der Welt.
Sie erklärbar zu machen - immer wieder anders und immer wieder neu - ist Aufgabe der Kultur.
An meinem Schreibplatz sitzend und wartend
entstehen neue Fragen und alte Antworten lösen sich auf.

Bilder sprechen lassen

Das Bild erinnert mich an meine 25 Jahre Meditativen Tanzens
in Kombination mit Schreiben, Malen und dem Experimentieren
mit Zugängen aus dem esoterischen Bereich.
Ich habe ganz vergessen, wie breit ich aufgestellt war und bei
Bedarf auch immer noch bin.
Orakeln mit I Ging und unterschiedlichen Karten: Tarot, Energie-
karten und Lebensweisheiten.
Schon immer haben Bilder zu mir gesprochen.

Weiter ging es mit Trance und Traumreisen, Rückführungen, Chakren-Aktivierung, Matrixheilung - auch dies im Zugriff auf innere Bilder.

Zuletzt - auch das schon seit 20 Jahren - Kontaktaufnahme mit dem Unbewussten im NLP - Coaching und durch das Schreiben zu Bildern.

Das alles ist in mir und kann genutzt werden.

Ich vergesse manchmal den Kosmos der Möglichkeiten, den mein langes Leben mit seinen vielen Erfahrungen für mich bereithält.

Ich bin die Frau im Bild.

Wenn ich zur Ruhe komme, werde ich gespeist von inneren Bildern und meinem Kosmos der Möglichkeiten.

Das Bild fordert mich auf zum erneuten Erleben und zum Schreiben von Geschichten aus einer anderen Realität jenseits der Vernunft.

Schritt 4: Interpretation und Fazit

<u>Kosmos der Möglichkeiten</u>
Wandel, Fragen und Antworten

Die Welt spielt verrückt.

Ich steige aus dem Kreislauf aus, wann immer ich kann und baue an meinem friedvollen Leben.

Dazu brauche ich wenig:

Draußen leben - ganzjährig - und regelmäßiges das Meer.

Gute Bücher lesen und schreiben.

Anregende Gespräche mit intelligenten Menschen.

Liebe zu meiner Familie und Freund/-innen, den Tieren, dem Land und der Insel.

Im Grunde ganz leicht!

Fünfklang

Schritt 1: Bildauswahl

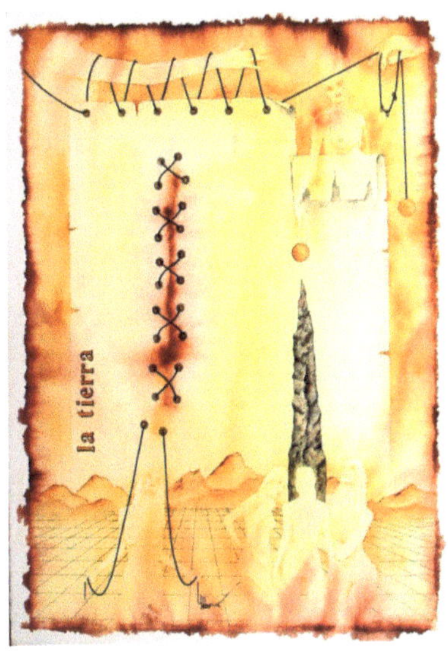

Schritt 2: Freewriting zum ausgewählten Bild

Erste Assoziationen: Kontemplation und Spiel

Das Spiel des Lebens

Die Beobachtete lädt die Betrachterin ein, das Bild zu betreten und mitzuwirken im Spiel des Lebens: Spielerin zu werden, nicht Schachfigur auf dem Brett der Welt.
Doch wer spielt wirklich das Spiel des Lebens?
Ist es die Hand, die die Bühne webt oder die andere, die mit den Möglichkeiten des Schicksals pendelt?
Oder gar die Frau im Off mit der Textrolle, bereit zu soufflieren und - wenn nötig - die Regie zu übernehmen?

Vordergründig scheinen die Schicksalsfäden die Leere zu formen. Etwas soll entstehen, Substanz annehmen, geschaffen werden.
Es gleicht einer Wunde im Energiefeld des Lebens, die es sorgfältig zu verschließen gilt.
Wird sich daraus ein neuer Monolith entwickeln?
Der schon vorhandene wirkt vorübergehend.
Als Werk des Zufalls und der Vergänglichkeit streckt er sich der Kugel der Erkenntnis entgegen.
Bleiben werden die Erde, die Berge und das Schachbrett der Möglichkeiten, auf dem immer wieder neue Gestalten erscheinen, bis auch diese sich auflösen im immerwährenden Sein.

Schritt 3: Interpretation und Fazit

Die Frau im Off will selber spielen.
Meine Rolle im Spiel des Lebens klären.
Will ich einen neuen Monolith / Leuchtturm schaffen?

Schritt 4: Auswahl eines zweiten, weiterführenden Bilds. Welches Bild bringt Dich mit Deinem Thema weiter?

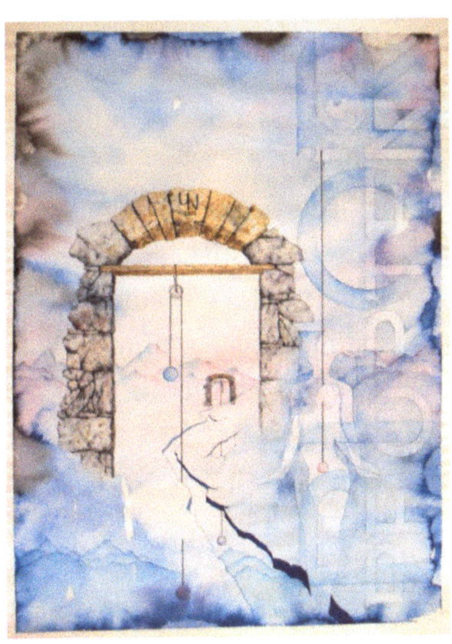

Tore der Freiheit

Die Tore sind geöffnet, der Weg bereit. Er muss nur noch be-schritten werden.

Weite, mich weiten, ausdehnen.

Mich ergieße ins Land.

Gebe ich mich hin, wird der Strom an Fahrt aufnehmen, mich tragen durch die Tore der Möglichkeiten.

Das Ende ist ungewiss.

Die Stunde der Wahrheit naht.

Bin ich wirklich bereit, mit dem Leben zu fließen?

Nicht mehr zu planen, einfach geschehen zu lassen?

Zu nutzen, was mir der Augenblick schenkt?

Einen Versuch ist es wert.

Schritt 5: Gesamtauswertung und Fazit

Solange wir immer weiter streben, bleiben wir Schachfiguren auf dem Brett des Lebens.
Auch wenn wir Monolithe bauen, sind diese lediglich ein momentaner Ausdruck unserer selbst.
So viele Jahre habe ich an unterschiedlichen Türmen gebastelt, wollte sichtbare Zeichen für Jedermann setzen.
Jetzt nehme ich mir die Freiheit, nur noch für mich zu bauen und für die zu leuchten, die meine Zeichen suchen.

Nachklang

Liebe Leserinnen und Leser,

ich hoffe, Ihr habt alle etwas gefunden, das Euch erfreut und anregt: ein Bild, ein Text, ein Schreibimpuls.

Wenn Ihr Interesse habt, mit mir zu schreiben, kann dies auf unterschiedliche Weise geschehen: Entweder Ihr kommt allein oder mit Freund/-innen zu einer Schreibwerkstatt ins Grenzland auf Fuerteventura oder nach Essen ins Ruhrgebiet.

Oder wir treffen uns online und ich sende Euch die entsprechenden Schreibimpulse zu.

Meine Schreibangebote findet Ihr auf meiner Website:
www.ikesprenger.de
unter Intensivseminare / Einzel- und Paarcoaching/ SchreibCoaching.

Zögert nicht, mir zu mailen an
coaching@ikesprenger.de
Wir finden die richtige Form für Euch.
Ich freue mich, von Euch zu hören.

Eure
Ike Sprenger

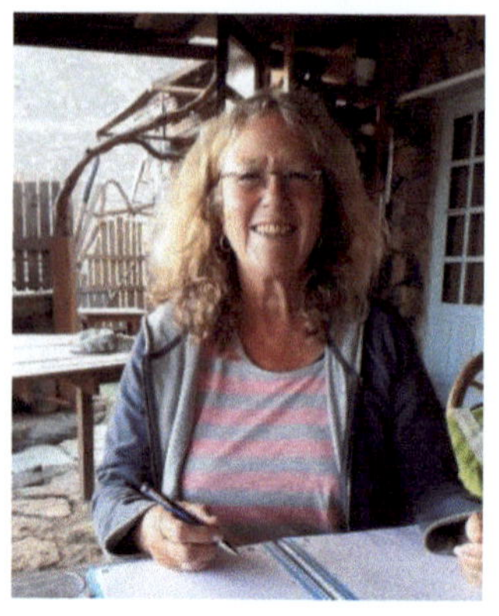

Ike Sprenger, Dipl.-Päd., Systemischer Coach, SchreibCoach und Autorin.
Zahlreiche Veröffentlichungen in Fachzeitschriften und hauseigenem Verlag zu den Themen Führung, Selbstmanagement, Coaching und SchreibCoaching.

Zum vorliegenden Buch:

Das Buch „SchreibKunst - Bilder als Ausdruck der Seele" lädt die Leser/-innen zum Schauen, Schreiben und Reflektieren ein.

Die Bilder des Künstlers Edi Mann dienen als Ausgangspunkt für die Schreibimpulse. Kurze Erzählungen untermalen die Entstehungsgeschichte der Bilder. Eigene Texte der Autorin runden das Buch ab.

Ike Sprenger lebt und wirkt an ihren beiden Wohnorten: dem Grenzland auf Fuerteventura und dem Ruhrgebiet.

Ebenfalls bei BoD – Books on Demand erschienen:
„Ein Dutzend Orte und ihre Zeitgeister - Ein Episodenroman",
2022
ISBN: 9 783 756 862443

„Eine Reise durch die Welt der Chakren - Informationen, Übungen, Impulse zum Schreiben", 2023
ISBN: 9 783 748 148487

„SchreibLust - Einladung zum Mitschreiben", 2024
ISBN: 9 783 759 719898

„Nomadin des Sommers - Eine Lebensreise", 2024
ISBN: 9 783 759 703033